DFBUT D'UNE SERIE DE DOCUMENTS
EN COULEUR

L. DE SAINTE-MARIE

A PROPOS

DE

MADAGASCAR

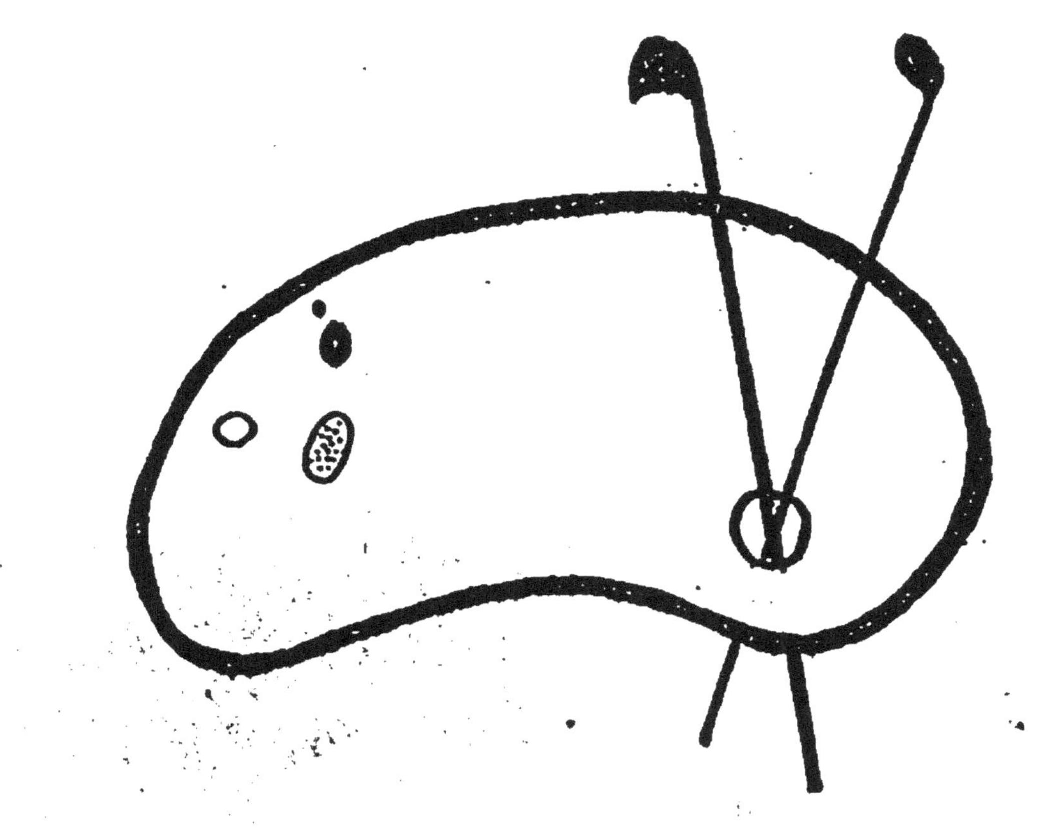

FIN D'UNE SERIE DE DOCUMENTS
EN COULEUR

L. DE SAINTE-MARIE

A PROPOS

DE

MADAGASCAR

A PROPOS DE MADAGASCAR

Tananarive n'est pas prise depuis un mois et déjà l'opinion publique se préoccupe anxieusement de l'avenir de Madagascar.

Il ne paraît pas inopportun d'examiner avec elle, quelle sera la solution la plus conforme à l'intérêt des deux pays, la France victorieuse et la grande ile soumise. Il faut éviter les décisions trop promptes, savoir se faire un jugement.

La règle de conduite à adopter doit, cela va sans dire, avoir pour base l'économie dans les dépenses à faire, et pour objectif, l'ouverture à l'industrie et au commerce français d'un vaste champ d'action.

Bien que la lutte soit circonscrite entre les partisans de l'annexion, à la tête desquels se trouvent MM. de Mahy et Brunet, députés de la Réunion, et les partisans du protectorat rangés derrière le Gouvernement, je ne crois pas m'écarter du sujet en rappelant succinctement les opinions qui prévalurent à certaines époques et celles dont l'écho est encore aujourd'hui entendu d'un petit nombre de gens.

Elles peuvent se diviser en six catégories. Les deux dernières, seules, paraissent capables d'attirer l'attention.

— 4 —

Et tout d'abord, à tout seigneur tout honneur. — M. Doumer, homme politique en vue — prône la puissance du règne par la division. Il voudrait la création de roitelets, chefs des tribus sakalaves, Betsiléos, batailleuses et entreprenantes, pour contre-balancer la puissance des Hovas, dont ils sont depuis des siècles les ennemis naturels.

Si efficace qu'ait toujours été, en politique, un facteur aussi sûr, on est appelé à se demander si les querelles intestines de ces peuplades de races différentes, ne seraient pas de nature à nous créer des embarras et à entraver sérieusement dans son essor l'impulsion du commerce et de l'industrie dans l'île.

L'idée d'évacuation qui eut en 1885 de fervents adeptes n'a plus à être rappelée ici que pour mémoire, elle ne se soutiendrait pas.

Mais celle qui consiste à s'en tenir à l'occupation des côtes, mérite un instant d'examen.

On peut s'étonner de la voir encore soutenue, car les déboires éprouvés par ceux de nos nationaux qui ont borné aux côtes leurs transactions et leur séjour, ont été grands. La cour d'Emyrne frappait d'interdiction nos produits et l'Angleterre et l'Allemagne dont les agents multipliaient leur activité sur les plateaux de l'Imérina récoltaient les bénéfices de cette situation. En effet, aucune sécurité dans les transports n'était accordée au commerçant français, et la voix de notre Résident général restait isolée, faute d'un canon pour appuyer les revendications de nos compatriotes dont il était séparé par 1.200 kilomètres. Il est bon d'ajouter également que le climat des côtes est loin de valoir celui des hauts plateaux. Cette considération n'est pas sans valeur. La France ne peut d'ailleurs plus aujourd'hui, sous peine de perdre aux yeux des Malgaches tout le prestige de la gloire acquise, adopter une solution que personne n'oserait plus proposer.

Sans insister longuement sur l'occupation militaire, je ne crois pas devoir la passer sous silence.

L'armée, cela va sans dire, aime à voir durer l'exercice de son pouvoir et cependant son entrée à Tananarive ne résout pas les questions multiples dont nous avons à nous occuper. S'il convient de se découvrir respectueusement devant les braves qui ont donné leur sang pour la Patrie, il convient aussi de leur faire remarquer que : — *là où leur rôle glorieux finit, celui de nos agents politiques commence.* — Cette simple phrase est bien exactement aux yeux des gens sensés de la politique coloniale, le critérium d'un raisonnement juste. Si elle est mal comprise des militaires, ceux-ci ont mille fois tort.

L'armée en temps de paix a un rôle suffisamment honorable pour y rester confinée, elle est au dehors la gardienne respectée du territoire, et au-dedans l'éducatrice chérie de nos jeunes soldats. Ce qui est vrai sur le continent l'est bien davantage aux colonies, où l'absence de toute surveillance permet les équipées les plus dangereuses et les résultats les plus imprévus. Le colonel Bonnier, pour n'en pas citer d'autres, fuyant devant le Gouverneur duquel il ne voulait point recevoir d'ordres, était voué lui et sa troupe à une mort certaine. Il attaqua Tombouctou qu'il n'avait pas mission de prendre, et fut massacré peu de temps après.

Au point de vue financier, les inconvénients d'une occupation militaire apparaissent tout aussi graves. L'occupation militaire occasionne des dépenses considérables et la moindre colonne coûte son million.

C'est donc à tous les points de vue la marche rapide irrésistible vers un dangereux Inconnu.

L'armée peut gagner grades et honneurs en maintes circonstances, les occasions d'exercer sa vaillance et de montrer son patriotisme lui sont souvent fournies.

Elle est à hauteur de sa réputation, la France le sait, et encore frémissante, le lui prouve par ses applaudissements.

Je viens d'examiner hâtivement quelques solutions bien inopportunes, je le reconnais, de la question de Madagascar, et j'arrive au point le plus intéressant de mon sujet.

Faut-il « *annexer* » purement et simplement, ou proclamer le « *protectorat* » ?

Nous avons vu plus haut que chaque camp avait ses chefs autorisés. Examinons avec soin les deux hypothèses.

Le mot « *annexion* » implique nécessairement *l'idée de possession absolue*. En annexant l'île, nous en faisons une partie intégrante de la France, nous l'administrons comme la mère Patrie sans nous préoccuper des mœurs, des natures différentes, des conditions climatériques, géologiques, etc., qui distinguent les deux pays.

Notre premier soin est alors de penser à administrer notre nouvelle possession et par conséquent de la doter de fonctionnaires.

Est-ce un bien ? — Je ne le crois pas.

Ces derniers, ignorants des habitudes locales, ne connaissant pas les besoins des populations qui leur seraient confiées, ne parlant pas leur langue, commettraient forcément des erreurs administratives et politiques irréparables dans un pays où, pour réussir, il faut tout d'abord savoir plaire et ne pas froisser les populations dans leurs coutumes, et comme il faut en tout temps considérer l'équilibre du budget, surtout après une expédition coûteuse, on se demande si la métropole n'assumerait pas une lourde responsabilité en prenant à sa charge le traitement de ces fonctionnaires.

Et d'ailleurs l'immixtion directe des autorités européennes dans les affaires indigènes n'a pas donné de si bons résultats. — Qui pourra expliquer d'une façon sensée comment s'est creusé le fossé qui sépare deux colonies sœurs — j'ai nommé l'Algérie et la Tunisie — autrement que par la différence du régime qui préside à leurs destinées.

D'une part, l'Algérie, colonie française depuis 1830, ne rapporte rien, et d'autre part, la Tunisie, acquise à la France, en 1881, colonie essentiellement prospère.

Le régime de l'annexion a été largement pratiqué en Algérie. Une nuée de fonctionnaires s'est abattue sur ce pays. Il ne demandait cependant qu'à faire fructifier ses richesses sous une impulsion intelligente.

Au lendemain de la conquête, au lieu de faire un appel pressant à la population indigène, on a rassemblé en France tous les va-nu-pieds, les paresseux ramassés au hasard des circonstances, et on les a envoyés sur un sol nouveau pour « *coloniser*. » Il s'est produit ce qui devait infailliblement se produire. Habitués à ne rien faire, ces colons improvisés se trouvèrent dans la nécessité de tenter un effort. Ils ne le voulurent pas. Après avoir vendu les instruments

aratoires qui leur avaient été gratuitement concédés, ils reprirent tranquillement la route du pays natal.

L'Algérie, avec son organisation administrative et son assimilation française, est caractérisée par une corruption politique très grande, barrant tout net le chemin au progrès.

La Tunisie, au contraire, dont la bonne fortune est de ne posséder que le minimum imaginable de fonctionnaires, donne des résultats inespérés.

Un dernier argument enfin est employé en faveur de l'annexion. Il consiste dans la possibilité d'envoyer à Madagascar les déclassés et les condamnés de France. J'ai dit plus haut quels résultats ce système avait produits et j'ajoute qu'aujourd'hui la Nouvelle-Calédonie supplie le Ministère de la débarrasser de ces hôtes encombrants.

Je ne vois pas en quoi d'ailleurs le régime du protectorat empêcherait, si le besoin s'en faisait sentir, d'appliquer à certaines parties malsaines de la grande île Malgache, le régime du pénitencier, si peu profitable qu'il soit à un pays.

L'annexion nous amènerait bien d'autres difficultés qu'il serait oiseux d'énumérer ici et dont la suppression de l'esclavage serait le point de départ. La France ne pourrait supporter une institution aussi injuste et elle la supprimerait de suite. La ruine de la colonie serait dans ce cas irrémédiable.

Du jour où on affranchirait les esclaves on ne trouverait plus un bras pour travailler le sol, car le dicton en usage « travailler comme un nègre » est un pur euphémisme, le nègre travaillant le moins possible. Combien de familles perdraient tout ce qu'elles possèdent si on les dépouillaient de leurs esclaves, et quelles causes de mécontentements nous accumulerions dès le début sur notre administration.

Si le mot « *annexion* » implique *la prise de possession absolue,* le mot « *protectorat* » appelle l'idée *d'un pays s'administrant lui-même sous l'impulsion d'une puissance dirigeante qui dicte ses volontés pour l'administration au dedans et au dehors.* Cette puissance est représentée par des agents. Ces agents sont en réalité les maîtres.

Le régime du Protectorat peut revêtir des milliers d'aspects, mais quel que soit celui sous lequel on l'envisage, depuis le traité de 1885, où nous nous engagions « *à ne pas intervenir dans les affaires intérieures du pays* » jusqu'à celui où nous prendrons en mains la direction des affaires intérieures et extérieures à Madagascar, il est préférable à « *l'annexion.* »

Rien ne s'oppose à ce que nous déplacions ou à ce que nous ne frappions de révocation un fonctionnaire indigène sournois ou infidèle.

En Indo-Chine, nous nommons les Préfets, les Sous-Préfets, les Maires de cantons annamites et nous leur faisons donner, pure question de forme mais de haute valeur à leurs yeux, l'investiture de la Cour de Hué. — De même nous les faisons révoquer par le roi d'Annam quand ils ont cessé de plaire.

Que la reine Ranavolo III, princesse inoffensive, reste ou non sur le trône, la chose importe peu et cependant à un autre point de vue, elle mérite considération, car ce qu'il est nécessaire de faire savoir en France c'est qu'en dehors des Hovas dont la reine est originaire, aucun prince d'une autre race ne peut nous aider efficacement dans notre œuvre d'apaisement.

L'essentiel c'est que le premier ministre Rainilaïarivony et son entourage immédiat soient éloignés des affaires.

A Tunis le bey est assisté d'un ministre de la plume. Celui-ci communique aux populations les ordres du souverain et comme de temps immémoriaux elles n'obéissent qu'à leurs chefs naturels, elles ne s'étonnent pas de l'évolution progressive opérée sous notre domination dans leurs coutumes, car le bey préside toujours, comme par le passé, à la direction de leurs affaires.

En dehors de ce grand personnage intermédiaire entre la Reine et les populations, il me paraît indispensable que les autres ministres soient français.

Le Résident général cumulerait les fonctions de Ministre de l'Intérieur avec celles de Ministre des Affaires Etrangères.

Le Commandant des troupes aurait la Guerre.

Le payeur exercerait un contrôle sur les finances, et le Ministre de la plume s'occuperait plus spécialement des questions de cérémonial si chères aux Cours exotiques.

En Indo-Chine, où le Protectorat est le régime en vigueur, le Souverain est assisté d'un Conseil de Ministres indigènes. Ces personnages, peu soucieux de voir diminuer leurs prérogatives, paralysent notre action, entretiennent en dessous une certaine agitation, et sont, au dire de beaucoup de personnes compétentes, une des causes primordiales du défaut de pacification du pays.

La leçon servira. La reine ne doit recevoir d'autres conseils que les nôtres.

Il sera possible, comme en Indo-Chine, de nommer à Madagascar des résidents chargés d'assister les Gouverneurs dans les provinces.

Quant aux gouverneurs eux-mêmes et aux fonctionnaires de moindre importance, ils devront bien entendu être rémunérés sur les ressources du Trésor de la colonie et la production locale devra également nous fournir le moyen de payer nos agents tout en pourvoyant à l'entretien de notre corps expéditionnaire.

La chose est ainsi pratiquée dans nombre de nos possessions d'outre-mer.

Le Résident Général présidera à nos relations extérieures, négociera avec les agents des puissances accréditées auprès de la Reine, et rien ne se fera ni ne se décidera sans notre entière approbation. C'est l'application du Protectorat dans toute sa rigueur. Son avantage est précisément d'obérer dans des proportions relativement modiques les finances de la métropole en leur substituant celles de la colonie protégée.

Dans cet ordre d'idées, je me permettrai d'attirer l'attention des Chambres sur les résultats merveilleux que donneraient les grandes compagnies coloniales.

Riches, puissantes, exploitant des concessions considérables, toujours concédées à terme, jamais à vie, faisant leur police, apportant dans les régions où seraient situées leurs immenses étendues de territoire, une belle aisance, elles seraient autorisées à organiser des milices sur le commandement d'officiers jeunes,. résolus, actifs, bien payés par les compagnies elles-mêmes et concourant pour le grade tout en dépendant du Ministre qui les rappellerait au bout d'un temps déterminé.

N'y aurait-il point là un allégement considérable de charges au titre « corps expéditionnaire » ?

Un agent administratif relevant du ministère serait auprès de la Compagnie, le Commissaire du Gouvernement exerçant à la fois un contrôle effectif et percevant les droits pour le compte du protectorat.

Le résultat immédiat de cette organisation pourrait être d'amener la suppression des douanes dans certains postes et de faire accorder aux ports de la côte une franchise dont ils auront toujours le plus grand besoin pour être achalandés.

Les ports anglais de Singapour, de Colombo, etc., sont francs, aussi l'activité de leurs transactions dépasse-t-elle de beaucoup celle de nos ports coloniaux.

En un mot la fortune de Madagascar dépendra surtout du régime adopté.

Les cinq ports de l'île ouverts en fait au commerce depuis longtemps, ont trafiqué jusqu'ici dans de bonnes conditions puisque le chiffre des importations est de........................... 5,597,259 de francs et celui des exportations......... 3,741,354 » »

et d'après le rapport de M. d'Anthouard les chiffres des

importations et des exportations par pavillon étaient les suivants en 1885 :

	Importation	Exportation
FRANÇAIS	1.995.993	1.178.960
ANGLAIS	1.557,268	1.592.208
ALLEMANDS........	230.604	227.417
AMÉRICAINS........	1.644.647	651.967
AUTRICHIENS........	9.837	22.350
ITALIENS..........	58.144	» »
MALGACHES........	49.614	5.868
DIVERS...........	515.152	62.584
Totaux	5.597.259	3.741.354

Ainsi donc, d'après des données officielles la France tenait, il y a dix années, la palme de ce record international.

Sa situation très fausse alors venait encore augmenter son mérite, car tous les moyens étaient bons à nos ennemis pour entraver notre action politique et commerciale.

Il est donc aisé de préjuger des résultats futurs, avec une administration sage et prudente dans un pays où les mines d'or et de cuivre abondent, où l'élevage du bétail est une des sources de richesse, l'exportation des bœufs allant jusqu'à 300,000 têtes par an, où le blé, le café, le coton, le caoutchouc et la culture de la canne à sucre donnent des résultats appréciables, où le riz, le manioc et le cacao poussent avec une vigueur étonnante. Au reste, d'une façon générale, l'Imérina peut fournir tous les produits cultivés en Europe. Son sol, son climat se prêtent aux productions les plus variées.

Notre préoccupation doit être maintenant de faire des colons entreprenants. Le protectorat nous en donnera les moyens, car nous n'avons pas, comme à Tunis, les mains liées par des traités antérieurs, dont nous n'avons pas osé à l'origine faire litière.

Il convient à cet effet de considérer comme absolument nuls les concessions données par le premier Ministre Hova à des étrangers ou les traités qu'il a pu passer avec eux.

Le Ministre des affaires étrangères a prouvé par les résultats acquis en Tunisie dans la suite, que l'œuvre de colonisation n'était ni au-dessus de sa tâche ni au-dessus de sa compétence. Laissons le organiser son protectorat et si il nous est révélé dans l'avenir, que le Ministre des Colonies est plus qualifié pour entreprendre l'œuvre gigantesque de la véritable colonisation, eh ! bien, point ne sera besoin d'avoir recours à un divorce retentissant pour faire passer « *Madame Gascar* » des bras de M. Hanotaux qui est garçon, dans ceux de M. le Ministre des Colonies.

AMBERT. — IMP. MIGEON.

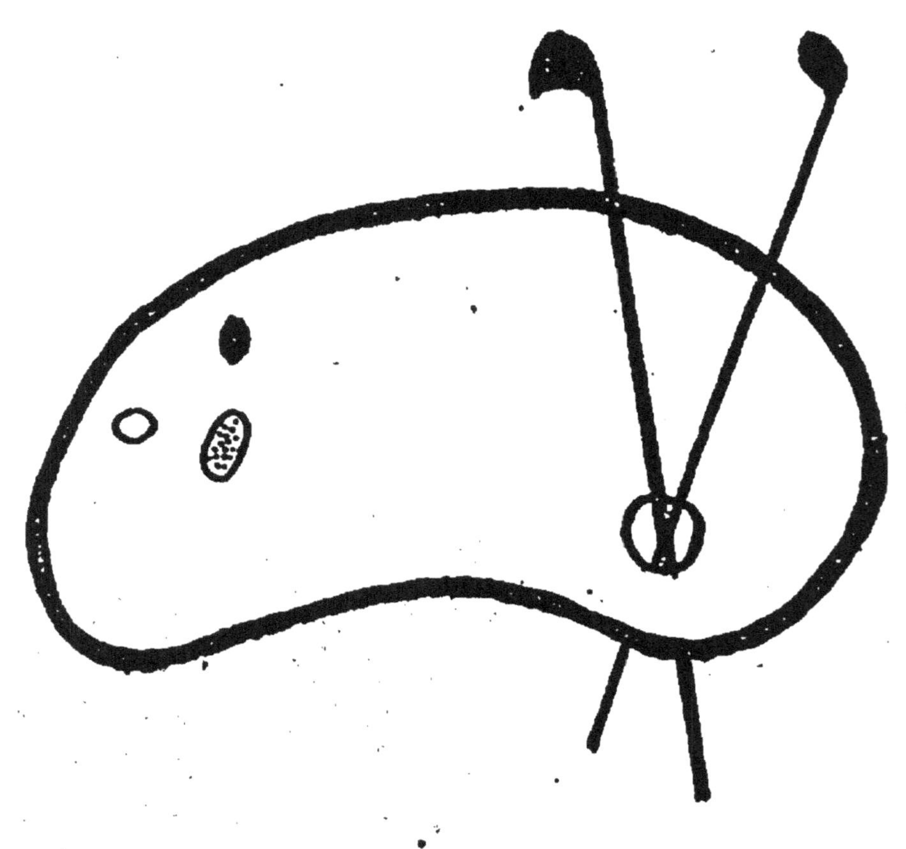

ORIGINAL EN COULEUR
NF Z 43-120-8